Léo et la Légende Olympique :

Léo était un jeune garçon curieux et plein d'énergie. Il vivait dans une petite ville située au pied d'une montagne majestueuse. Chaque jour, il regardait les sommets enneigés de la montagne et rêvait de grandes aventures. Mais il ne savait pas encore que son destin était lié à un événement extraordinaire : les Jeux Olympiques.
Un jour, alors qu'il explorait les environs de sa ville, Léo découvrit une vieille bibliothèque cachée au cœur de la montagne. À l'intérieur, il trouva un livre ancien, orné de symboles mystérieux. Ce livre racontait une légende vieille de plusieurs siècles, une légende qui parlait des Jeux Olympiques et de leur pouvoir magique.

Léo et la Légende Olympique :

La légende disait que tous les cent ans, un enfant doté d'une grande pureté de cœur serait choisi pour participer à une épreuve secrète des Jeux Olympiques. S'il réussissait, il obtiendrait le pouvoir de guider et d'inspirer les générations futures.

Léo était fasciné par cette histoire. Il savait que son cœur était pur et rempli de rêves. Il décida donc de se préparer pour cette épreuve mystérieuse. Il s'entraîna tous les jours, courant à travers les montagnes, escaladant des rochers et nageant dans les rivières glaciales.

Le jour des Jeux Olympiques approcha, et Léo était prêt. Il se rendit à l'endroit secret où se déroulerait l'épreuve. Il fut accueilli par d'autres enfants venus de toutes les régions du monde. Chacun avait été choisi pour sa pureté de cœur.

Léo et la Légende Olympique :

L'épreuve était un défi épique qui testait le courage, la gentillesse, la persévérance et la sagesse des participants. Ils devaient traverser des forêts sombres, escalader des montagnes escarpées, résoudre des énigmes et surmonter de grands défis.
Léo se distingua par sa détermination à aider les autres et à faire preuve de respect envers ses adversaires. Il fit preuve de courage dans les moments les plus difficiles et de gentillesse envers ceux qui avaient besoin d'aide.
Au terme de l'épreuve, Léo fut couronné champion des Jeux Olympiques spéciaux. Il avait gagné le pouvoir de guider et d'inspirer les générations futures, comme l'avait prédit la légende.
À partir de ce jour, Léo devint un guide précieux pour les enfants et les adolescents du monde entier. Il leur enseigna les valeurs olympiques de l'amitié, du respect, de l'excellence, de l'inspiration et de la détermination. Les jeunes s'inspiraient de son histoire légendaire et rêvaient de suivre ses pas.

Après avoir entendu l'histoire inspirante de Léo, nous le retrouvons maintenant sous une forme différente, prêt à nous expliquer et nous guider à travers les pages de ce livre sur les Jeux Olympiques

Qu'est-ce que les Jeux olympiques signifient ?
Quelle est l'histoire et l'importance des Jeux Olympiques ?

Les Jeux Olympiques c'est quoi ?

Les Jeux Olympiques, les amis, c'est un peu comme une grande fête sportive mondiale ! Imaginez que chaque pays du monde envoie ses athlètes les plus talentueux pour participer à une série de compétitions sportives spectaculaires. C'est comme si le monde entier se donnait rendez-vous pour célébrer le sport, l'amitié et la paix.

Ça veut dire quoi "Olympique " ?

Ça, c'est facile : les Grecs pensaient que leurs dieux vivaient en haut du mont Olympe (la plus haute montagne de Grèce avec presque 3000 m) et avaient donc nommé leur plus grand sanctuaire Olympie.

Les compétitions sportives étaient nombreuses en Grèce antique tout comme les guerres entre les cités. Cherchant la paix, le roi d'Elide consulta l'oracle de Delphes (une prêtresse chargée de transmettre les désirs des dieux) qui lui conseilla d'organiser de grands jeux sportifs pacifiques qui plairaient aux dieux. C'était en 884 avant Jésus-Christ et ce fut le début de 11 siècles de jeux organisés à Olympie. Malgré les guerres, tous les 4 ans, les Grecs se retrouvaient dans la paix et partageaient des valeurs communes, la fameuse trêve olympique.

La trêve olympique est une tradition ancienne qui suspend temporairement les conflits militaires pendant les Jeux Olympiques, garantissant la sécurité des athlètes et des spectateurs. Elle incarne les valeurs de paix et d'unité des Jeux.

Histoire des jeux olympiques

l'histoire

Cela remonte à bien longtemps, il y a plus de 2700 ans, dans la Grèce antique. Les Grecs organisaient des compétitions sportives appelées les Jeux Olympiques en l'honneur de Zeus, le roi des dieux. C'étaient des épreuves passionnantes comme la course à pied, le saut en longueur et la lutte. Les Jeux Olympiques étaient plus qu'une simple compétition, ils étaient une célébration de l'esprit humain, de la paix et de l'unité

Les Jeux Olympiques d'aujourd'hui sont appelés les Jeux Olympiques modernes. C'est un évènement international regroupant plusieurs épreuves sportives, 10 000 athlètes venant du monde entier y participent pendant 15 jours ! Il existe des Jeux d'été et des Jeux d'hiver. Les derniers Jeux Olympiques ont eu lieu à Pékin cette année et les prochains JO d'été auront lieu à Paris en 2024. Les premiers Jeux modernes ont eu lieu en 1896, à Athènes évidemment. C'est le français **Pierre de Coubertin** qui a décidé de relancer la tradition des Jeux.

Qui a inventé les Jeux Olympiques ?

Après l'Antiquité, les Jeux disparurent. Leur renaissance en 1896 est due à **Pierre de Coubertin,** un Français. Au 18ème et 19ème siècles, on admirait particulièrement l'Antiquité : des " olympiades " avaient donc déjà eu lieu à l'échelle locale. Pierre, passionné de sport et d'antiquité, va tout mettre en œuvre pour recréer ces jeux à l'échelle mondiale en prônant les valeurs de paix qui ont présidé à leur création. Après quelques échecs, il parvient à convaincre : les premiers Jeux olympiques moderne voient le jour à Athènes en 1896.

Saviez-vous que ?

Les Jeux Olympiques de l'Antiquité étaient réservés aux hommes. Les femmes n'étaient pas autorisées à participer, ni même à assister aux compétitions. tandis que Les Jeux Olympiques modernes sont ouverts aux hommes et aux femmes.

Pourtant, il existait des jeux réservés aux femmes, les Jeux Héréens, qui étaient organisés à Olympie en l'honneur de la déesse Héra.(la reine des dieux et des déesses).

Les Jeux Héréens avaient lieu tous les quatre ans, après les Jeux Olympiques. Ils comprenaient une seule épreuve: une course de 160 mètres.

Les femmes de l'Antiquité avaient donc une petite opportunité sportive spécifique, même si elle était très limitée par rapport aux hommes.

par contre Aujourd'hui, les femmes participent à toutes les disciplines sportives olympiques, y compris les sports de force et de contact

Les Jeux Paralympiques

Les Jeux Paralympiques sont un événement sportif mondial qui met en avant l'extraordinaire détermination et les performances exceptionnelles des athlètes handicapés. Créés pour la première fois en 1960 à Rome, ces jeux offrent une plate-forme internationale pour les athlètes ayant diverses capacités physiques et intellectuelles. Ils se déroulent peu de temps après les Jeux Olympiques et suivent le même modèle, avec une cérémonie d'ouverture grandiose, une compétition acharnée et une cérémonie de clôture festive. Les Jeux Paralympiques célèbrent l'inclusion, l'égalité des chances et le pouvoir transformateur du sport. Ils inspirent des millions de personnes dans le monde entier en démontrant que l'athlétisme de haut niveau transcende les obstacles, quels qu'ils soient, et en promouvant un message de respect, de tolérance et d'acceptation.

La France et les Jeux olympiques

La France est l'un des pays les plus titrés des Jeux olympiques, avec un total de 889 médailles, dont 264 d'or, 296 d'argent et 329 de bronze. Elle a participé à toutes les éditions des Jeux olympiques d'été depuis 1896, à l'exception de 1904, et a remporté au moins une médaille à chaque fois. Elle a également participé à 24 éditions des Jeux olympiques d'hiver, à l'exception de 1904, 1912, 1916, 1948, 1952 et 1980.

La France a accueilli les Jeux olympiques à cinq reprises, soit deux fois les Jeux olympiques d'été, en 1900 et 1924, et trois fois les Jeux olympiques d'hiver, en 1924, 1968 et 1992.

Les Français ont remporté de nombreuses médailles dans une grande variété de sports, mais ils sont particulièrement forts dans les sports d'hiver, notamment le ski alpin, le ski de fond, le patinage artistique et le hockey sur glace. Ils sont également performants dans les sports d'été tels que l'athlétisme, le cyclisme, la natation et la gymnastique.

Pourquoi la france veut organiser les JO Paris 2024 ?

Objectif 1 : Organiser une Fête Sportive Géante !

Imaginez que les Jeux Olympiques de Paris 2024 sont comme la plus grande fête sportive du monde. La France veut organiser cette fête de manière super géniale ! Elle veut que tout soit parfait : les stades, les feux d'artifice, les spectacles, tout ! Elle veut que tout le monde s'amuse beaucoup.

Objectif 2 : Construire des Endroits Super Cool !

La France veut construire des endroits sportifs vraiment cool. Mais ce qui est encore plus génial, c'est que ces endroits resteront après les Jeux. Les gens du coin pourront continuer à s'amuser en jouant au sport dans ces endroits, même après que les Jeux soient finis.

Objectif 3 : Prendre Soin de la Planète !

La France aime notre belle planète, alors elle veut s'assurer que les Jeux Olympiques ne font pas de mal à la Terre. Elle veut utiliser moins de choses qui polluent et aider à garder notre planète propre et heureuse.

Objectif 4 : Inspirer les Enfants Comme Toi !

La France veut que les Jeux Olympiques t'inspirent, toi et tous les enfants. Peut-être qu'en regardant les athlètes, tu te diras : "Je veux faire du sport et être fort comme eux !" Quand tu crois en toi, tu peux faire des choses incroyables.

QUIZ TIME!!!

1.En quelle année ont été créés les Jeux Olympiques modernes ?

a) 1896

b) 1900

c) 1924

2.Qui est le fondateur des Jeux Olympiques modernes ?

a) Pierre de Coubertin

b) Nikola Tesla

c) Albert Einstein

3.En quelle année la France a-t-elle organisé pour la première fois les Jeux Olympiques modernes ?

a) 1900

b) 1924

c) 1968

4.Combien de fois les Jeux Olympiques de l'Antiquité avaient-ils lieu ?

a) Tous les ans

b) Tous les deux ans

c) Tous les quatre ans

5.Quelle était la ville antique où se déroulaient les Jeux Olympiques de l'Antiquité ?

a) Athènes

b) Rome

c) Olympie

6.Dans quel pays se sont déroulés les Jeux Olympiques d'été de 2016 ?

a) États-Unis

b) Brésil

c) Chine

7.Pourquoi les Jeux olympiques sont-ils importants ?

a) Pour célébrer les vacances d'été.

b) Pour promouvoir la concurrence entre les pays.

c) Pour promouvoir la paix, l'amitié et l'excellence sportive.

8.Quelle est l'histoire de la France aux Jeux olympiques ?

a) La France n'a jamais participé aux Jeux olympiques.

b) La France a été l'un des pays fondateurs des Jeux olympiques modernes en 1896.

c) La France va organisé les Jeux olympiques pour la première fois en 2024.

9.Qui est la première femme connue pour avoir assisté aux Jeux Olympiques de l'Antiquité, malgré l'interdiction des femmes ?

a) Hélène de Sparte
b) Hélène de Pourtalès
c) Kallipáteira

10.Combien de fois la France a-t-elle organisé les Jeux Olympiques, en incluant à la fois les Jeux d'été et les Jeux d'hiver ?

a) Deux fois
b) Trois fois
c) Quatre fois
d) Cinq fois

QUIZ TIME!!!

Correction

1.a) 1896
2.a) Pierre de Coubertin
3.a) 1900
4.c) Tous les quatre ans
5.c) Olympie
6.b) Brésil
7.c) Pour promouvoir la paix, l'amitié et l'excellence sportive.
8.b) La France a été l'un des pays fondateurs des Jeux olympiques modernes en 1896.
9.c) Kallipáteira
10.d) Cinq fois

Les Sports des Jeux Olympiques Prêts, Partez, Jouez !

Les Jeux olympiques sont un événement multisports extrêmement populaire, où plus de deux cent nations sont représentées par un contingent d'environ 10000 athlètes. Étant donné que les Jeux olympiques couvrent presque tous les sports importants du monde, deux éditions identiques sont organisées alternativement, tous les deux ans. Ces éditions sont les **Jeux olympiques d'été** et **les Jeux olympiques d'hiver**.

Les jeux Olympiques L'été VS L'hiver

Les jeux olympiques d'hiver

Les Jeux Olympiques d'hiver sont un événement majeur pour les sports de neige et de glace qui se déroulent tous les quatre ans. Ils ont débuté en 1924 avec seulement 8 disciplines, mais au fil du temps, de nouvelles épreuves ont été ajoutées, notamment le ski alpin, la luge, le patinage de vitesse sur piste courte, le ski acrobatique et le snowboard. La France a eu l'honneur d'accueillir les Jeux olympiques à Chamonix en 1924, à Grenoble en 1968 et à Albertville en 1992.

À l'origine, les Jeux olympiques d'été et d'hiver avaient lieu la même année, mais à partir de 1992, ils ont été décalés de deux ans pour alterner. Les Jeux d'hiver sont un rendez-vous incontournable pour les athlètes de haut niveau dans les sports d'hiver, et de nouvelles épreuves sont régulièrement ajoutées, contribuant à l'évolution de ces Jeux. Les derniers Jeux Olympiques d'hiver ont eu lieu à Pékin en 2022, et les prochains se tiendront à Milan et Cortina d'Ampezzo en Italie en 2026.

Les sports d'hiver

Ski Alpin

Une discipline de ski où les athlètes descendent des pistes spécialement préparées en passant par une série de portes. Il comprend des épreuves de descente, de slalom, de slalom géant et de super-G.

Biathlon

Une combinaison de ski de fond et de tir à la carabine. Les athlètes doivent parcourir des distances en ski de fond et s'arrêter pour tirer sur des cibles à une distance fixe.

Bobsleigh

Les équipes descendent une piste glacée à grande vitesse à bord d'un véhicule en forme de tube. Les pilotes et les équipiers doivent maintenir leur trajectoire à grande vitesse.

Hockey sur Glace

Un sport d'équipe où les joueurs patinent sur la glace en essayant de marquer des buts.

Les sports d'hiver

Le skeleton
est jeu consistant à dévaler la descente avec un traineau, mais le skieur doit être en position couchée.

Patinage Artistique
Les patineurs exécutent des routines chorégraphiées sur la glace, combinant des éléments de danse, de sauts et de pirouettes.

Saut à Ski : Les athlètes sautent d'une rampe en ski et essaient de planer le plus loin possible.

Combiné Nordique : Une combinaison de saut à ski et de ski de fond.

Ski Acrobatique : Les skieurs réalisent des sauts et des figures acrobatiques.

Ski de Fond : Des courses de longue distance en ski sur des pistes tracées.

Les jeux olympiques d'été

Les Jeux Olympiques d'été sont un événement sportif incontournable qui a lieu tous les 4 ans.

Pendant les Jeux Olympiques d'été, les athlètes jouent à des sports qui se pratiquent principalement à l'extérieur et quand il fait chaud. Voici les 28 sports présentés généralement en été

en équipe

L'aviron
Le badminton
Le base-ball
Le basket-ball
Le canoë-kayak
Le football
Le handball
Le hockey
Le softball
Le volley-ball

combats

La boxe
Le judo
La lutte
Le taekwondo

individuel

L'athlétisme
Le cyclisme
L'équitation
L'escrime
La gymnastique
L'haltérophilie
La natation
Le pentathlon moderne
Le tennis
Le tennis de table
Le tir
Le tir à l'arc
Le triathlon
La voile

Saviez-vous que?

Depuis l'adoption unanime des recommandations de l'Agenda Olympique en 2014 par le Comité International Olympique (CIO), chaque pays hôte des Jeux Olympiques a la possibilité de proposer des sports additionnels qui viennent s'ajouter à la liste des 28 sports principaux. Pour les Jeux Olympiques et Paralympiques de Paris 2024, le CIO a autorisé l'introduction de quatre sports additionnels.

Parmi les cinq nouveaux sports présents aux Jeux Olympiques de Tokyo en 2021, trois d'entre eux seront reconduits à Paris : le surf, l'escalade et le skateboard. Un quatrième sport fera son apparition pour la première fois dans l'histoire olympique, il s'agit du "breaking".

Le "breaking" est une forme de danse urbaine dynamique et acrobatique, caractérisée par des mouvements explosifs, des acrobaties au sol et des rythmes musicaux hip-hop

Présentation des sports olympiques

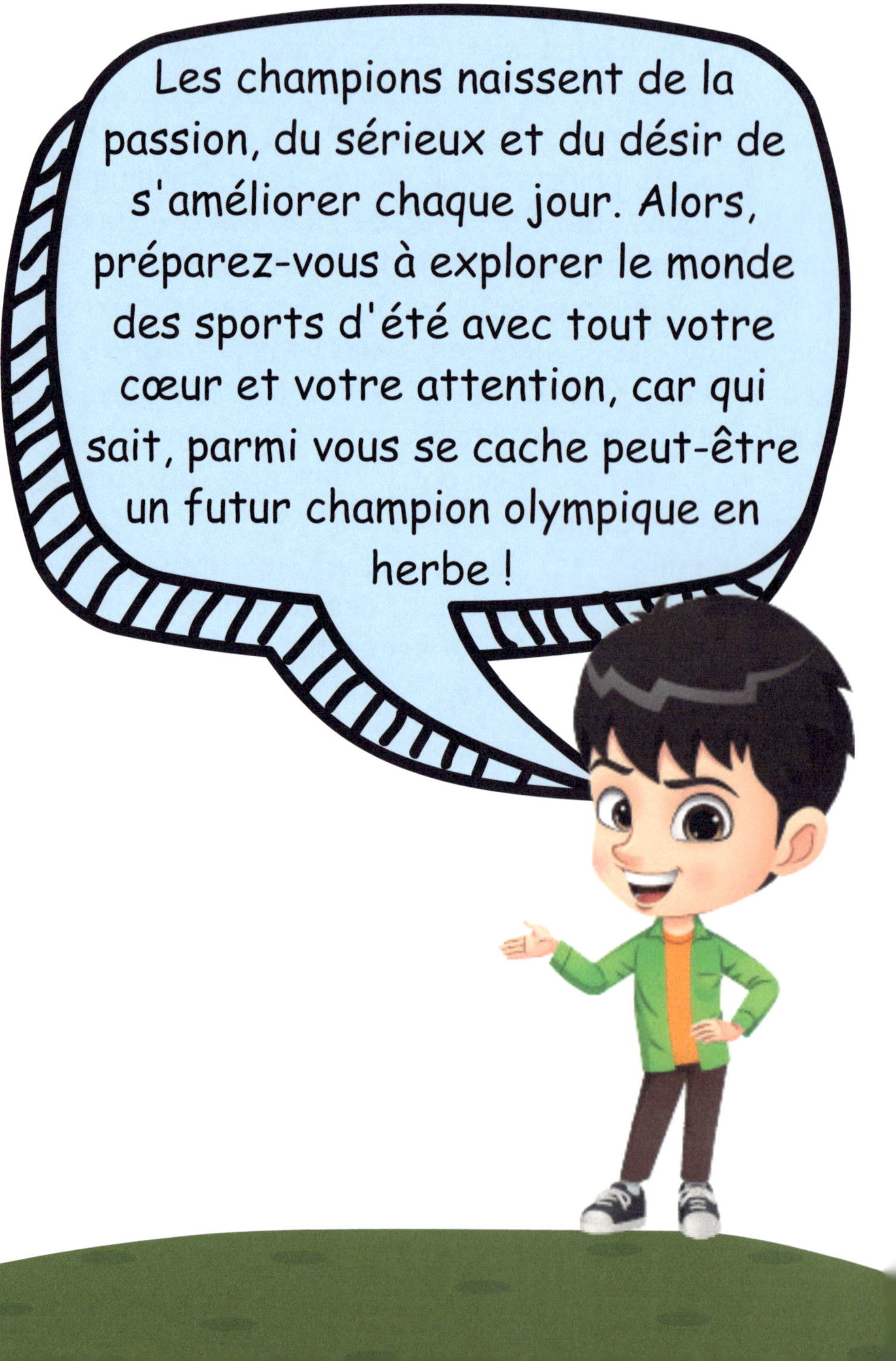

AVIRON

L'aviron, à l'origine un moyen de transport en Égypte ancienne, Grèce et Rome antiques, est devenu un sport en Angleterre entre la fin du 17e et le début du 18e siècle.

La première grande compétition d'aviron est la fameuse course entre les universités d'Oxford et Cambridge, qui a débuté en 1829. Les compétitions d'aviron se déroulent sur une distance de 2000 mètres en embarcation individuelle ou en équipe de deux, quatre ou huit rameurs, avec deux disciplines, l'aviron de couple et l'aviron de pointe. Les Jeux Olympiques ont inclus l'aviron dès la première édition en 1896 pour les hommes et en 1976 pour les femmes, bien que les épreuves en mer aient été annulées en raison des conditions météorologiques.

Saviez-vous que

L'aviron, l'un des sports les plus anciens des Jeux Olympiques modernes depuis son introduction en 1900 à Paris, présente une particularité unique : les rameurs font face à l'arrière du bateau, nécessitant une coordination exceptionnelle avec leurs coéquipiers pour maintenir la synchronisation. De plus, les courses d'aviron olympique se déroulent dans des conditions météorologiques variées, allant des brises légères aux eaux agitées, ce qui en fait une discipline exigeante et captivante.

LE BADMINTON

Un sport de raquette en salle où deux joueurs ou deux paires s'affrontent en frappant un volant par-dessus un filet pour le faire atterrir dans le camp adverse. Le badminton est connu pour sa vitesse et son agilité, ainsi que pour ses aspects stratégiques.

Le badminton est en forte croissance en France, avec un nombre croissant de licenciés au cours des dernières décennies. Les équipes françaises masculine et féminine progressent sur la scène internationale, visant de meilleures performances. Avec une forte participation féminine et une relève prometteuse, le badminton français a un avenir radieux.

Saviez-vous que

Au badminton, le volant, aussi appelé "shuttlecock", peut atteindre des vitesses incroyables, dépassant souvent les 320 kilomètres par heure, lors d'échanges entre joueurs de haut niveau. Cette vitesse remarquable fait du badminton l'un des sports de raquette les plus rapides au monde, demandant des réflexes rapides et une grande agilité pour suivre et renvoyer le volant.

basket-ball

Le basketball est un sport opposant deux équipes de cinq joueurs sur un terrain rectangulaire en intérieur.

Les joueurs manient le ballon à la main et visent à marquer un plus grand nombre de points que l'adversaire en lançant le ballon à travers un panier situé à 3,05 mètres du sol.

En format olympique, le basketball se joue en quatre quarts-temps de dix minutes, et les joueurs alternent entre actions offensives et défensives.

Historiquement, le basketball est devenu un sport olympique à part entière lors des Jeux Olympiques de Berlin en 1936, et le basketball féminin a été intégré au programme olympique en 1976 à Montréal.

Saviez-vous

que le basketball olympique est l'un des sports les plus populaires et compétitifs des Jeux Olympiques ? Les États-Unis ont été historiquement dominants dans ce sport, mais lors des Jeux Olympiques de 1972, ils ont subi une défaite controversée contre l'Union soviétique en finale, mettant fin à une série de victoires consécutives en or pour les Américains. Cette défaite a marqué l'une des moments les plus mémorables et discutés de l'histoire olympique du basketball.

Le canoë-kayak est un sport nautique qui comprend deux principales disciplines:
le canoë-kayak sprint et le canoë-kayak slalom.

Le canoë-kayak olympique se décline en deux disciplines majeures : le canoë-kayak sprint et le canoë-kayak slalom. Dans le canoë-kayak sprint, les athlètes se trouvent dans des kayaks ou des canoës et participent à des courses en ligne droite sur différentes distances. Dans le canoë-kayak slalom, les compétiteurs naviguent à travers un parcours avec jusqu'à 25 portes à franchir en eaux vives, avec des pénalités pour avoir touché ou manqué une porte.
Le canoë-kayak est un sport exigeant qui combine vitesse, agilité et maîtrise de l'eau.

Saviez-vous

que le canoë-kayak est tellement amusant qu'il y a même une épreuve appelée le "kayak cross" aux Jeux Olympiques de Paris 2024 ? C'est comme une course de bateaux à grande vitesse avec des portes secrètes à passer. Quatre athlètes partent en même temps et doivent esquiver les obstacles comme s'ils étaient dans un parcours d'obstacles d'eau. Les deux plus rapides gagnent et passent à la prochaine étape de l'aventure ! C'est comme une course d'explorateurs aquatiques, et c'est super excitant à regarder !

Le football

Le football aux Jeux Olympiques est un tournoi international de soccer où des équipes nationales se disputent la médaille d'or olympique.

Initialement introduit en 1900 pour les hommes et en 1996 pour les femmes, il est devenu un événement phare. Les équipes masculines sont composées de moins de 23 ans, avec trois joueurs plus âgés, tandis que les équipes féminines peuvent inclure des joueuses de tous âges. Le football olympique attire des millions de fans à travers le monde, mettant en avant les futures stars du sport et promouvant l'égalité des sexes grâce à l'inclusion du football féminin. C'est un spectacle sportif de haut niveau qui célèbre la passion et le talent du football à l'échelle internationale.

Saviez-vous

que le football aux Jeux Olympiques a vu naître des légendes du sport comme Pelé et Maradona ? Ces joueurs de football extraordinaires ont commencé leur carrière en brillant aux Jeux Olympiques avant de devenir des icônes mondiales du sport. Les Jeux Olympiques sont un tremplin pour de jeunes talents du football, et ils ont souvent été le point de départ de carrières exceptionnelles.

Le handball olympique est un sport en salle où deux équipes de sept joueurs s'affrontent pour marquer des buts en dribblant le ballon à la main.

Le jeu est rapide, physique et demande de l'endurance, de la force et de la tactique.

Les joueurs alternent entre attaque et défense. Le handball est spectaculaire, avec des tirs précis et des trajectoires de balle impressionnantes.

Aux Jeux Olympiques, le handball a débuté en 1936 (sur gazon) et est devenu un sport en salle en 1972, avec une version féminine ajoutée en 1976. Les équipes européennes dominent traditionnellement le sport.

Saviez-vous

que le handball aux Jeux Olympiques a généralement été dominé par les équipes européennes ? Cependant, il y a eu deux exceptions notables lorsque la Corée du Sud a remporté la médaille d'or dans le tournoi féminin aux Jeux de Séoul en 1988 et de Barcelone en 1992. C'était une grande surprise et une preuve que le handball olympique peut être plein de rebondissements passionnants !

Le hockey est un sport dynamique, rapide et exigeant.

Les équipes sont composées d'attaquants, de milieux de terrain, de défenseurs et d'un gardien de but, avec des remplacements illimités. En cas d'égalité à la fin du temps réglementaire, les matches à élimination directe sont départagés par des séances de shootouts.

Les joueurs utilisent des crosses en forme de crochet pour manœuvrer une balle dure, en utilisant uniquement le côté plat de la crosse. Les mains et les pieds ne sont pas autorisés pour toucher la balle, sous peine de sanctions.

Le hockey a fait ses débuts olympiques en 1908 à Londres et est devenu un sport permanent aux Jeux en 1928 à Amsterdam,

Saviez-vous

que le hockey sur gazon est l'un des sports les plus anciens au monde ? Il a été joué pour la première fois en Égypte il y a plus de 4 000 ans !

Le volleyball

Le volleyball est né en 1895 à Springfield, dans le Massachusetts, créé par William G. Morgan.

Il oppose des équipes de six joueurs sur un terrain de 18 mètres sur 9 mètres. Les matchs se jouent au meilleur des cinq sets, en marquant 25 points dans la plupart des cas, sauf le cinquième set qui en nécessite 15 en cas d'égalité. Le sport est rapide, avec des balles atteignant des vitesses de jusqu'à 130 km/h.

Le volleyball est devenu un sport olympique en 1964 à Tokyo, évoluant d'un championnat à un tournoi classique avec des quarts de finale, des demi-finales et une finale pour déterminer les médaillés.

le Brésil et les États-Unis sont les nations les plus couronnées aux Jeux Olympiques en volleyball.

Saviez-vous

que le volleyball est né à l'université de Springfield, dans le Massachusetts, en 1895, à la même époque et au même endroit que le basketball ? À l'origine appelé "mintonette", ce sport a été créé pour être accessible aux personnes plus âgées, mais il est rapidement devenu dynamique et populaire, se répandant dans le monde entier. C'est un exemple fascinant de la façon dont de nouveaux sports peuvent émerger de manière inattendue et connaître un succès mondial.

La boxe

La boxe est un sport de combat présent aux Jeux Olympiques. Elle oppose des athlètes amateurs qui se battent sur un ring en suivant des règles spécifiques.

Les combats se déroulent en trois rounds de trois minutes pour les hommes et en quatre rounds de deux minutes pour les femmes. Les participants doivent toucher leur adversaire sur des zones autorisées, et les juges attribuent des points à chaque round. Le boxeur avec le plus de points à la fin du combat est déclaré vainqueur. Depuis les Jeux de Rio 2016, les professionnels peuvent également participer à la boxe olympique. parce que seuls les amateurs étaient autorisés à participer,

Saviez-vous

que la boxe est souvent appelée "l'art noble" ? C'est parce que, malgré son aspect combatif, elle repose sur des principes de respect, de discipline et d'honneur. Les boxeurs se serrent la main avant et après chaque combat, montrant ainsi leur respect pour leur adversaire, quel que soit le résultat. La boxe enseigne des valeurs importantes, en plus d'être un sport exigeant sur le plan physique.

Le judo est un art martial japonais créé par le Dr. Jigoro Kano en 1882. Son nom signifie "voie de la souplesse" en japonais.

Au judo, les combattants, appelés "judokas", utilisent des techniques de projection, de contrôle au sol, de clés articulaires et d'étranglements pour maîtriser leurs adversaires. L'objectif principal est de projeter l'adversaire au sol avec force et contrôle, ce qui peut entraîner une victoire instantanée appelée "Ippon". Le judo favorise également la discipline, la concentration et la maîtrise de soi, ce qui en fait un sport à la fois physique et mental.Le judo est apparu aux Jeux Olympiques de Tokyo en 1964 et est resté au programme olympique depuis les Jeux de Munich en 1972. Le judo féminin a été ajouté aux Jeux de Barcelone en 1992.

Saviez-vous

que le judo est le seul art martial né au Japon à être devenu un sport olympique ? Cela montre à quel point le judo est un mélange unique de compétition sportive et de tradition japonaise.

la Lutte

La lutte est un sport de combat ancien qui remonte à l'Antiquité et a été inclus dans les Jeux Olympiques dès 708 avant J-C. Elle se pratique sous deux styles principaux: la lutte gréco-romaine et la lutte libre. En lutte gréco-romaine, seuls les bras et la partie supérieure du corps peuvent être utilisés pour attaquer, tandis qu'en lutte libre, les jambes et le corps entier peuvent être utilisés pour l'attaque.

Le but est de renverser l'adversaire et de coller ses omoplates au sol pour gagner par "tombé" ou d'accumuler des points en utilisant des techniques de renversement et de retournement. Elle est présente aux Jeux Olympiques depuis 1896 pour la lutte gréco-romaine et depuis 1920 pour la lutte libre. Les épreuves féminines en lutte libre ont été ajoutées en 2004. L'Union soviétique et les États-Unis sont parmi les nations les plus performantes en lutte olympique.

Saviez-vous

que la lutte est l'un des rares sports à avoir été inclus dans les Jeux Olympiques de l'Antiquité et à être toujours présent dans les Jeux Olympiques modernes

Le taekwondo

Le taekwondo est un art martial originaire de Corée, qui signifie « la voie des pieds et des poings ». se concentre sur l'utilisation des pieds et des poings. Il est basé sur des mouvements rapides de jambes et de bras, et le but est de marquer des points en touchant l'adversaire avec des coups de pied ou des coups de poing tout en évitant d'être touché. Les combats se déroulent sur une aire de combat octogonale et sont divisés en trois rounds de deux minutes chacun.

Le taekwondo a été intégré pour la première fois aux Jeux Olympiques à Séoul en 1988 en tant que sport de démonstration, puis il est devenu un sport officiel aux Jeux de Sydney en 2000. Depuis lors, de nombreux pays ont participé aux compétitions de taekwondo, et le sport a vu émerger de nouveaux champions de diverses nations. Certains pays ont même remporté leur première médaille olympique en taekwondo, ce qui témoigne de la popularité croissante de ce sport à l'échelle mondiale.

Saviez-vous

Qu'au taekwondo, il y a un coup de pied spécial appelé "coup de pied papillon." Ce coup de pied ressemble au battement des ailes d'un papillon et est très rapide. Les pratiquants de taekwondo s'entraînent dur pour maîtriser ce coup de pied impressionnant et élégant !

L'athlétisme

l'athlétisme, l'un des sports les plus anciens, est présent aux Jeux Olympiques depuis 776 avant J-C.

Il englobe une variété d'épreuves individuelles telles que la course, le saut et le lancer.

L'athlétisme moderne a émergé en Angleterre au 19e siècle et s'est rapidement répandu mondialement. Aux Jeux Olympiques, il propose une gamme diversifiée d'épreuves, de la course de vitesse au saut en hauteur en passant par le lancer de poids. L'athlétisme est un sport central des Jeux Olympiques d'été, ayant évolué au fil des ans pour inclure les femmes et gagner en popularité mondiale.

Les épreuves se déroulent sur piste, sur route et dans des zones de saut et de lancer, offrant aux athlètes la possibilité de briller dans différentes disciplines.

Saviez-vous

que les compétitions d'athlétisme aux Jeux Olympiques comprennent le décathlon pour les hommes, qui consiste en dix épreuves différentes en deux jours ? Les décathlètes doivent exceller dans des disciplines variées, telles que la course, le saut en hauteur, le saut en longueur et le lancer de javelot, pour décrocher le titre du "meilleur athlète complet" aux Jeux. C'est un véritable test de polyvalence et de compétences athlétiques.

Le cyclisme

Le cyclisme aux Jeux Olympiques est une discipline ancienne qui remonte à 1896,

Depuis, il est devenu une discipline olympique constante.

Avant 1996, les cyclistes professionnels étaient exclus des Jeux Olympiques, mais depuis cette année, ils peuvent y participer, ce qui a accru le prestige de ces épreuves, qui attirent désormais les meilleurs coureurs du monde.

il comprend deux épreuves principales : la course en ligne et le contre-la-montre.
La course en ligne implique un départ groupé, avec des parcours longs (plus de 120 km pour les femmes et plus de 200 km pour les hommes).
Le contre-la-montre est une épreuve individuelle où les coureurs partent seuls à intervalles réguliers. Les distances sont plus courtes (rarement plus de 50 KM),

Saviez-vous
que lors des épreuves de cyclisme sur piste aux Jeux Olympiques, les coureurs n'ont pas de freins sur leurs vélos ? Cela signifie qu'ils doivent utiliser leur ingéniosité et leur tactique pour ralentir ou s'arrêter en se servant uniquement de leur habileté à rouler à une allure plus lente.

Les sports équestres sont présents aux Jeux Olympiques depuis 1900, mais ils sont devenus définitivement olympiques en 1912.

L'équitation aux Jeux Olympiques comprend trois disciplines où hommes et femmes concourent ensemble :

Saut d'obstacle: Les cavaliers doivent traverser un parcours avec des obstacles en un temps limité, en évitant de faire tomber les barres.

Dressage: Il s'agit de la plus haute expression de la relation entre le cavalier et son cheval. Le couple exécute des mouvements et des figures dans une reprise, jugée par un jury en fonction de l'élégance et de la fluidité de leur performance.

Concours complet: Cette épreuve combine le saut d'obstacle, le dressage et le cross-country, un parcours exigeant qui met à l'épreuve l'expérience du cavalier. Le couple cheval-cavalier le plus polyvalent est couronné après ces trois épreuves.

Saviez-vous

que les chevaux utilisés dans les compétitions d'équitation aux Jeux Olympiques sont des athlètes de haut niveau, tout comme leurs cavaliers ? Ils sont spécialement entraînés pour maîtriser des mouvements complexes et sont choisis pour leur agilité, leur intelligence et leur force. Ces chevaux sont soignés avec beaucoup d'amour et d'attention, car une relation solide entre le cavalier et le cheval est essentielle pour réussir dans ce sport exigeant.

L'escrime

L'escrime est un sport ancestral qui trouve ses origines dans le combat à l'épée, datant de plus de 3 000 ans.

Aujourd'hui, c'est un sport mondial avec trois armes principales: le sabre, l'épée et le fleuret, chacun ayant ses règles spécifiques. Les escrimeurs tentent de toucher leur adversaire sur des zones définies. Le premier escrimeur à atteindre 15 points ou celui avec le plus de points à la fin du temps réglementaire remporte le combat. En équipe, la première équipe à 45 points gagne.

L'escrime est un sport olympique historique, présent depuis les Jeux d'Athènes en 1896, et les femmes ont rejoint la compétition en 1924. et aujourd'hui, hommes et femmes s'affrontent dans des épreuves individuelles et par équipes. Le sport a vu l'introduction de l'épée féminine en 1996 et du sabre féminin en 2004.

Saviez-vous

que Nedo Nadi, le célèbre escrimeur italien, a réalisé un exploit remarquable aux Jeux Olympiques de 1920 à Anvers ? À seulement 18 ans, il a remporté non seulement l'or au fleuret, mais il a également décroché cinq médailles d'or en individuel et en équipe au fleuret, à l'épée, et au sabre, devenant ainsi le seul escrimeur à accomplir cet exploit historique en une seule édition des Jeux Olympiques.

La gymnastique artistique est l'un des sports les plus anciens au monde, avec des racines remontant à l'Antiquité

la gymnastique est un sport historique des Jeux Olympiques, présent depuis les Jeux de 1896 à Athènes, où seuls les hommes étaient autorisés à participer. Les épreuves féminines ont été ajoutées en 1928 à Amsterdam.

Ce sport comporte des compétitions individuelles par agrès, ainsi que des concours individuels et par équipe. Les agrès sollicitent des qualités spécifiques, tels que les exercices au sol, le cheval d'arçons, les anneaux, le saut de cheval, les barres parallèles et la barre fixe pour les hommes, et le saut de cheval, les barres asymétriques, la poutre et les exercices au sol pour les femmes.

Saviez-vous

que Nadia Comaneci, une gymnaste roumaine, a réalisé un exploit historique aux Jeux Olympiques de 1976 en obtenant le premier score parfait de 10 ? Son score a été si exceptionnel que les tableaux de notation n'étaient pas prêts à afficher un "10". Cet événement a conduit à un changement des règles de notation en gymnastique pour permettre une plus grande différenciation des scores. Nadia Comaneci est devenue une légende de la gymnastique et a inspiré de nombreuses générations de gymnastes.

L'haltérophilie

L'haltérophilie a fait partie des premiers Jeux Olympiques modernes à Athènes en 1896.

Aux Jeux Olympiques, l'haltérophilie a évolué. Depuis les Jeux de Montréal en 1976, deux techniques de levée sont utilisées : l'arraché et l'épaulé-jeté. L'arraché consiste à soulever la barre du sol au-dessus de la tête en un seul mouvement, tandis que l'épaulé-jeté se fait en deux étapes : la barre est d'abord montée et posée sur l'avant des épaules, puis projetée au-dessus de la tête. Ces mouvements extrêmement exigeants requièrent une force physique exceptionnelle et une grande détermination mentale.

Le concours d'haltérophilie combine désormais les résultats de l'arraché et de l'épaulé-jeté. Après trois essais dans chaque mouvement, le concurrent ayant soulevé le plus de poids au total est sacré champion olympique.

Saviez-vous

que l'haltérophilie aux Jeux Olympiques est divisée en différentes catégories de poids ? Cela signifie que les athlètes ne concourent pas tous dans la même catégorie, mais dans des groupes basés sur leur poids corporel. Il y a des catégories légères, moyennes et lourdes, ce qui donne à chaque athlète la possibilité de concourir contre des personnes de taille et de force similaires. C'est équitable et passionnant de voir qui peut soulever le plus de poids dans sa catégorie !

La natation

La natation est un sport qui remonte à la préhistoire, mais sa compétition organisée n'a émergé qu'au 19e siècle.

Aux Jeux Olympiques, les épreuves de natation se déroulent dans un bassin standard de 50 mètres de long. Il existe quatre types de nage : la brasse, le papillon, le dos et la nage libre. Toutes les épreuves individuelles sont exécutées avec la technique du crawl, qui est la plus rapide. De plus, il y a une épreuve appelée la "course de quatre nages", où les nageurs enchaînent les quatre styles de nage. Les distances varient considérablement, allant de courtes épreuves de 50 mètres à de longues courses de 1500 mètres.

La natation est une discipline olympique depuis longtemps. Les compétitions ont d'abord eu lieu en environnement naturel, puis sont passées en piscine à partir des Jeux de Londres en 1908, Les femmes ont rejoint les épreuves olympiques en 1912,

Saviez-vous

que la natation est l'un des rares sports où l'âge n'est pas un obstacle pour réussir? Les nageurs de tous âges, des enfants aux personnes âgées, peuvent participer à des compétitions de natation. Il existe même des catégories spéciales pour les nageurs plus âgés, ce qui signifie que vous pouvez continuer à nager et à compétitionner toute votre vie si vous le souhaitez. La natation est un sport à la fois bénéfique pour la santé et accessible à tous les âges !

le tennis

Le tennis a des origines dans le jeu de paume, qui est né en France au 11e siècle. Il se pratiquait en frappant une balle du creux de la main contre les murs d'un monastère.

Aux Jeux Olympiques, le tennis comporte des épreuves masculines et féminines de simple et de double, ainsi qu'une épreuve de double mixte. Les épreuves individuelles se jouent au meilleur des trois sets, avec un tie-break dans la manche décisive. Cependant, en double mixte, en cas d'égalité à un set partout, un super tie-break est joué pour départager les joueurs.

Le tennis aux Jeux Olympiques a une histoire intermittente. Présent dès 1896, il a quitté les Jeux en 1924 en raison de problèmes liés à la professionnalisation. Il est revenu en 1968 en tant que sport de démonstration, puis de manière permanente en 1988 à Séoul.

Saviez-vous

que Serena Williams détient le record du plus grand nombre de médailles olympiques remportées en tennis par un(e) joueur(euse) en simple, homme ou femme ? Elle a remporté quatre médailles d'or olympiques en simple (2002, 2008, 2012, et 2016) et une médaille d'argent en double mixte (2016), ce qui fait d'elle l'une des plus grandes athlètes de l'histoire du tennis olympique.

il a évolué pour prendre sa forme moderne, avec des compétitions organisées en 1926 à Berlin et à Londres.

Aujourd'hui, le tennis de table est très populaire en Asie, en particulier en Chine, avec plus de 40 millions de joueurs licenciés dans le monde. Les joueurs s'affrontent autour d'une table séparée en deux par un filet, utilisant des raquettes spéciales pour échanger une balle légère. Les matchs en simple se jouent en quatre manches gagnantes, tandis que les rencontres par équipes comprennent quatre matchs de simple et un match de double, avec des équipes de trois joueurs.

Le tennis de table est devenu un sport olympique en 1988, à Séoul, avec des épreuves masculines et féminines de simple et de double. En 2008, les épreuves de double ont été remplacées par des épreuves par équipes.

Saviez-vous

que le tennis de table est souvent considéré comme le sport de raquette le plus rapide au monde ? Les balles de tennis de table peuvent atteindre des vitesses supérieures à 100 miles par heure (environ 160 kilomètres par heure) lors des échanges rapides entre les joueurs professionnels. Cela exige des réflexes étonnants et une incroyable coordination pour suivre la balle en mouvement à une telle vitesse

Le tir

Le tir est un sport historique aux Jeux Olympiques, ayant ses racines en Europe depuis plusieurs siècles, avec des clubs allemands vieux de plus de cinq siècles. .

Il existe trois types d'épreuves de tir olympique : à la carabine, au pistolet et au fusil. Les compétitions de carabine et de pistolet se déroulent dans des stands de tir, à des distances de 10, 25 et 50 mètres. Les tireurs adoptent différentes positions, y compris à genoux, couché et debout. Les épreuves de fusil se déroulent en plein air, avec des cibles projetées en l'air dans des directions variables. La précision, la concentration, la prise de décision et les réflexes sont essentiels pour réussir dans le tir.

Le tir est un sport olympique depuis les premiers Jeux Olympiques modernes en 1896, à l'exception des Jeux de 1904 et de 1928. Les États-Unis détiennent le plus grand nombre de médailles olympiques dans ce sport

Saviez-vous

Qu'Oscar Swahn, un tireur suédois, est devenu le médaillé d'or le plus âgé de tous les temps aux Jeux Olympiques de 1920 à Anvers, en Belgique ? À l'âge impressionnant de 72 ans, il a remporté la médaille d'or dans l'épreuve de tir aux Jeux Olympiques, montrant ainsi que la passion et la compétence n'ont pas d'âge en sport

Le tir à l'arc

Le tir à l'arc, parmi les sports les plus anciens, a des racines dans la chasse et la guerre, avec les premiers tournois en Chine dès 1027 avant J-C.

Ce sport exigeant se déroule avec une cible de 122 cm de diamètre située à 70 mètres des archers, qui cherchent à placer leurs flèches le plus près possible du centre pour gagner. Les compétitions de tir à l'arc comprennent des épreuves individuelles et par équipe pour les hommes et les femmes, ainsi qu'une épreuve mixte ajoutée pour les Jeux de Tokyo 2020.

Les archers se classent en fonction de leur performance lors du tour de qualification, puis s'affrontent dans un système à élimination directe.

Le tir à l'arc est un sport olympique ancien qui a fait des apparitions intermittentes aux Jeux. Il était présent dès 1900, a disparu pendant plus de 50 ans, puis est revenu en 1972.

Saviez-vous

que la Corée du Sud est l'une des nations les plus performantes en tir à l'arc aux Jeux Olympiques ? Depuis le retour de cette discipline aux Jeux en 1972, la Corée du Sud a remporté une impressionnante majorité des médailles d'or disponibles, soit 27 sur 45. Cette domination exceptionnelle en a fait une véritable superpuissance du tir à l'arc olympique.

le triathlon

Le triathlon, bien que composé de disciplines anciennes, est un sport relativement récent.

Il a vu le jour dans les années 1970 comme une méthode d'entraînement alternative au sein du San Diego Track Club.

Le format olympique du triathlon comprend 1 500 mètres de natation, 40 kilomètres de vélo et 10 kilomètres de course à pied. Il n'y a pas de qualifications préalables, les athlètes s'affrontent dans une course unique où le plus complet remporte la victoire.

Le triathlon est devenu un sport olympique en 2000 à Sydney, après la création d'un circuit de Coupe du monde en 1991. Il est pratiqué dans 167 fédérations nationales.

Saviez-vous

que le triathlon est l'un des rares sports olympiques qui n'a pas été dominé par une nation particulière ? Malgré sa relative jeunesse aux Jeux Olympiques, il a vu 39 médailles d'or attribuées à 16 pays différents, sans qu'aucun d'entre eux n'ait réussi à établir une suprématie claire dans la discipline. Cela en fait l'une des compétitions les plus ouvertes et les plus imprévisibles des Jeux.

La voile

La voile a fait ses débuts aux Jeux olympiques dès 1900 à Paris, après une annulation en 1896 à Athènes en raison de mauvaises conditions.

La voile consiste à se déplacer avec un bateau, seulement à l'aide de la force du vent. Les conditions, toujours changeantes, requièrent beaucoup de technique et d'expérience de la part des athlètes pour être maîtrisées.
Aux Jeux de Tokyo, dix épreuves de voile ont eu lieu, allant de la planche à voile au Nacra 17 mixte, en passant par les 49ers et les 470. Les disciplines de la voile évoluent constamment, avec des voiliers de plus en plus petits et légers, ce qui exige des compétences athlétiques et techniques accrues de la part des marins. Deux nouvelles épreuves, la planche à voile IQ foil et le formula kite, feront leur apparition aux Jeux de Paris en 2024.

Saviez-vous
que la voile est l'un des rares sports olympiques où les athlètes n'utilisent pas leurs propres équipements ? Aux Jeux Olympiques, les voiliers et les équipements de voile sont fournis à tous les concurrents, ce qui signifie que les compétiteurs doivent s'adapter rapidement aux bateaux et aux voiles qui leur sont assignés. Cela ajoute un élément de défi supplémentaire, car la maîtrise des caractéristiques spécifiques de chaque bateau est essentielle pour obtenir de bons résultats aux épreuves olympiques de voile.

Les Quatre Nouveaux Sports au Programme des Jeux de Paris 2024

l'escalade

L'escalade sportive est un sport jeune et mixte qui a gagné en popularité ces 20 dernières années. Elle comprend trois disciplines olympiques : le bloc, la vitesse et la difficulté, qui exigent à la fois des compétences physiques et mentales.

Elle est devenue une discipline olympique aux Jeux Olympiques de la Jeunesse de Buenos Aires en 2018, avant de faire ses débuts aux Jeux Olympiques de Tokyo en 2021 en tant que "nouveau sport". Elle sera également au programme des Jeux Olympiques de Paris en 2024

le surf

Le surf, originaire d'Hawaï au 15e siècle, a explosé dans les années 1950 grâce à de nouvelles planches. L'International Professional Surfers, devenue la World Surf League, a été créée en 1976, organisant le World Championship Tour chaque année. Ce sport, pratiqué par plus de 35 millions de jeunes dans le monde, consiste à réaliser des manœuvres sur des vagues et est désormais au programme olympique depuis les Jeux de Tokyo 2020, avec des compétitions prévues pour Paris 2024 à Tahiti.

Les Quatre Nouveaux Sports au Programme des Jeux de Paris 2024

le skateboard

Le skateboard, sport né dans les années 1950 aux États-Unis et caractérisé par une culture de liberté et de rébellion, est désormais présent aux Jeux Olympiques avec deux disciplines spectaculaires : le Park et le Street. Les athlètes s'affrontent pour réaliser des figures impressionnantes et sont notés en fonction de leur technique, vitesse et amplitude. Le skateboard a fait ses débuts aux Jeux Olympiques de la Jeunesse en 2014 et a été intégré aux Jeux de Tokyo 2021 en tant que "nouveau sport", prévoyant également sa participation à Paris 2024

le breakdance

Le breaking, un style de danse originaire des États-Unis dans les années 1970 et issu de la culture hip-hop, se caractérise par ses mouvements acrobatiques, ses figures au sol et les compétitions appelées "battles". Cette discipline a gagné en popularité à travers des compétitions internationales depuis les années 1990. Aux Jeux de Paris 2024, le breaking fera ses débuts olympiques avec des épreuves masculines et féminines mettant en compétition les meilleurs B-Boys et B-Girls du monde dans des duels spectaculaires

Les Sports Olympiques en Couleurs

Chers amis,
Après avoir exploré le monde des sports d'été aux Jeux Olympiques, prenons un moment pour nous détendre et laisser parler notre créativité. Tournez la page pour découvrir 4 images liées aux Jeux Olympiques que vous pouvez colorier selon vos envies. Que votre imagination soit votre seule limite !
Alors, sortez vos crayons de couleur préférés et préparez-vous à ajouter de la couleur à ces pages pour créer des œuvres d'art olympiques.
Amusez-vous bien !

Aimez-vous les coloriages précédents ? Voulez-vous télécharger plus que 20 coloriages de sports olympiques pour continuer à vous amuser ?

scanner alors le QR Code ci-dessous par la camera de votre smartphone , et nous vous enverrons instantanément votre cadeau dans votre boîte de réception.

Scannez-moi

Comment devenir athlète olympique ?

Devenir athlète olympique est un rêve pour beaucoup d'enfants. C'est un objectif pas facile à atteindre, mais il est possible avec beaucoup de travail et de détermination.

Les étapes à suivre:

Voici les étapes à suivre pour devenir athlète olympique :

1. **Choisir un sport:**

La première étape est de choisir un sport dans lequel tu es doué et que tu aimes pratiquer. Il existe de nombreux sports olympiques, alors fais des recherches pour trouver celui qui te convient le mieux.

2. **S'entraîner régulièrement:**

Une fois que tu as choisi un sport, il est important de t'entraîner régulièrement. L'entraînement est essentiel pour améliorer tes performances et atteindre tes objectifs.

3. **Participer à des compétitions:**

Pour te qualifier pour les Jeux olympiques, tu dois participer à des compétitions. Cela te permettra de tester tes compétences et de comparer ton niveau de performance à celui des autres athlètes.

4. **Obtenir les qualifications nécessaires:**

Chaque sport olympique a ses propres critères de qualification. Tu dois donc vérifier les exigences de ton sport pour savoir ce que tu dois faire pour obtenir les qualifications nécessaires.

Les cérémonies olympiques : un spectacle de symboles

Les cérémonies olympiques sont des événements importants qui marquent le début et la fin des Jeux olympiques.

La cérémonie d'ouverture

La cérémonie d'ouverture est le premier événement des Jeux olympiques. Elle se déroule généralement dans le stade principal de la ville hôte.

Les cérémonies d'ouverture suivent généralement un protocole bien établi. Elles commencent par l'entrée du drapeau olympique et l'interprétation de l'hymne olympique. Puis, les athlètes des différents pays défilent derrière leur drapeau national.

Ensuite, le président du Comité international olympique (CIO) déclare les Jeux ouverts. Enfin, la flamme olympique est allumée dans le stade.

La cérémonie de clôture

La cérémonie de clôture est le dernier événement des Jeux olympiques. Elle se déroule généralement dans le stade principal de la ville hôte.

Les cérémonies de clôture suivent généralement le même protocole que les cérémonies d'ouverture. Elles commencent par l'extinction de la flamme olympique. Puis, les médailles des compétitions olympiques sont remises aux athlètes médaillés.

Ensuite, le président du pays hôte remet le drapeau olympique au président du CIO, qui le confie au représentant de la ville hôte des prochains Jeux olympiques. Enfin, le président du CIO déclare les Jeux clos.

Saviez-vous que la cérémonie d'ouverture des Jeux olympiques de Paris 2024 sera la première à se dérouler sur la Seine ?

C'est une rupture avec la tradition des Jeux olympiques, qui se déroulent généralement dans un stade. Cette décision audacieuse permettra de mettre en valeur le patrimoine parisien et de célébrer la diversité et la créativité de la France. La cérémonie se déroulera sur un parcours de 6 kilomètres, entre le pont d'Austerlitz et le pont d'Iéna. Les 206 délégations défileront à bord de bateaux spécialement conçus pour l'occasion.

Les symboles olympiques

Le drapeau olympique

Le drapeau olympique est l'un des symboles les plus reconnaissables des Jeux olympiques. Il est composé de cinq anneaux entrelacés de couleurs différentes (bleu, jaune, noir, vert et rouge) sur un fond blanc.

Le drapeau a été conçu par Pierre de Coubertin, le fondateur des Jeux olympiques modernes, en 1913. Il a été officiellement adopté en 1914 par le Comité international olympique (CIO).

Les cinq anneaux entrelacés représentent les cinq continents du monde

Les six couleurs (en comptant le blanc en arrière-plan) représentent toutes les nations, car au moins l'une de ces couleurs était présente dans le drapeau de chaque pays, à l'époque de la création du drapeau.

Le drapeau olympique est hissé lors de la cérémonie d'ouverture des Jeux olympiques et abaissé lors de la cérémonie de clôture. Il est également hissé dans les stades et les installations sportives lors des compétitions olympiques.

Le drapeau olympique est un symbole de l'universalité de l'olympisme. Il représente l'unité des nations et l'esprit de compétition amicale qui anime les Jeux olympiques.

Les symboles olympiques

La flamme olympique

La Flamme Olympique est bien plus qu'un simple symbole ; elle est le reflet de l'histoire riche et inspirante des Jeux Olympiques. Son histoire remonte à l'Antiquité grecque, lorsque les Jeux Olympiques ont été inaugurés à Olympie, en l'honneur de Zeus. Là, les Grecs allumaient une flamme sacrée pour symboliser la paix, l'unité et la compétition sportive.

Lors de la renaissance des Jeux Olympiques modernes au début du 20e siècle, l'idée de la flamme olympique a été réintroduite. La première flamme olympique moderne a été allumée lors des Jeux Olympiques de 1928 à Amsterdam, aux Pays-Bas. Depuis lors, à chaque édition des Jeux, la flamme est allumée en utilisant un miroir parabolique pour concentrer les rayons du soleil à Olympie, en Grèce, là où tout a commencé.

La tradition consiste à allumer la flamme en utilisant la lumière du soleil à Olympie, en Grèce, et à la transporter ensuite à travers le pays hôte des Jeux par un relais impressionnant impliquant de nombreux relayeurs. Lors de la cérémonie d'ouverture des Jeux, la flamme olympique est utilisée pour allumer le chaudron olympique, symbolisant l'unité, la paix et l'excellence dans le sport. Elle incarne les valeurs olympiques et rappelle au monde entier la capacité du sport à rassembler les nations.

Les symboles olympiques

Le serment olympique

Le serment olympique est un serment prononcé par un athlète du pays hôte, au nom de tous les athlètes, lors de la cérémonie d'ouverture des Jeux olympiques modernes.

Le serment olympique a été prononcé pour la première fois aux Jeux olympiques d'Anvers en 1920 par Victor Boin, un escrimeur belge.
Le texte du serment a été modifié à plusieurs reprises au cours des années.
Le texte actuel du serment olympique est le suivant :

Au nom de tous les concurrents, je promets que nous prendrons part à ces Jeux olympiques en respectant et suivant les règles, dans un esprit de fair-play, d'inclusion et d'égalité.

Les symboles olympiques
L'hymne olympique

L'hymne olympique est l'hymne officiel des Jeux olympiques modernes. Il a été composé par Spyros Samaras et écrit par Kostís Palamás, deux artistes grecs.

L'hymne olympique a été joué pour la première fois lors des Jeux olympiques d'été de 1896 à Athènes. Il a été adopté comme hymne officiel des Jeux olympiques par le Comité international olympique (CIO) en 1958.

Les paroles de l'hymne olympique sont les suivantes :
Ô toi, qui du sol antique Émerges,
ô flamme olympique,
Brille, brille, sur le monde entier,
Porte aux hommes la paix et la joie !

La musique de l'hymne olympique est en mode mineur, ce qui lui donne un caractère solennel et émouvant.

L'hymne olympique est joué lors de la cérémonie d'ouverture et de clôture des Jeux olympiques. Il est également joué lors d'autres événements olympiques, tels que les cérémonies de remise des médailles.

Les symboles olympiques

La devise olympique

La devise olympique est "**Citius, altius, fortius**". Ces trois mots latins signifient "Plus vite, plus haut, plus fort". Ils sont une expression des valeurs olympiques, qui sont l'excellence, l'esprit sportif et l'amitié.

La devise olympique a été adoptée lors de la création du Mouvement olympique en 1894, à l'initiative du fondateur Pierre de Coubertin. Coubertin souhaitait un slogan exprimant l'excellence dans le sport.

La devise olympique est un symbole des Jeux olympiques. Elle est présente sur les médailles olympiques, les drapeaux olympiques et les uniformes des athlètes. Elle est également utilisée dans les cérémonies olympiques.

En 2021, la devise olympique a été modifiée pour ajouter un quatrième mot latin : "Communiter". La nouvelle devise est donc "Citius, altius, fortius - Communiter", qui signifie "Plus vite, plus haut, plus fort - ensemble". Cette modification a été adoptée par le Comité international olympique (CIO) afin de souligner l'importance de l'esprit d'équipe et de la collaboration dans le sport.

Présentation des mascottes de Paris 2024

Une mascotte olympique est un personnage imaginaire symbolisant l'esprit des Jeux olympiques modernes. Depuis les Jeux d'hiver de 1968, chaque édition des Jeux (été et hiver) possède une mascotte officielle. Les Jeux paralympiques disposent aussi d'une mascotte.

Les mascottes sont typiquement des animaux indigènes de la région où les Jeux ont lieu, ou sont basées sur des humains et des créatures imaginaires. Elles sont destinées à inspirer les jeunes et à promouvoir le sport auprès du grand public.

Les mascottes des Jeux olympiques et paralympiques de Paris 2024 sont les **Phryges**. Il s'agit d'un duo de petits bonnets phrygiens, symboles de liberté, inspirés de l'histoire et de la culture française.

Les légendes olympiques qui ont marqué l'histoire

Les champions olympiques sont des exemples de courage, de détermination et de dépassement de soi. Parmi ces champions, certains se distinguent par leurs performances exceptionnelles, qui ont marqué l'histoire des Jeux olympiques.

Michael Phelps, nageur américain, est le champion olympique le plus titré de l'histoire, avec 28 médailles, dont 23 en or. Il a remporté ses premières médailles d'or aux Jeux olympiques de Sydney en 2000, à l'âge de 15 ans. Il a ensuite remporté des médailles d'or aux Jeux olympiques de Pékin en 2008, de Londres en 2012 et de Rio en 2016.

Simone Biles, gymnaste américaine, est la gymnaste la plus titrée de l'histoire, avec 7 médailles d'or olympiques. Elle a remporté ses premières médailles d'or aux Jeux olympiques de Rio en 2016, à l'âge de 19 ans. Elle a ensuite remporté des médailles d'or aux Jeux olympiques de Tokyo en 2021.

Jesse Owens, athlète américain, est un symbole de la lutte contre le racisme. Il a remporté quatre médailles d'or aux Jeux olympiques de Berlin en 1936, malgré l'hostilité du régime nazi. Ses victoires ont été un symbole de la force de l'esprit humain face à l'oppression.

Abebe Bikila, marathonien éthiopien, est un symbole de la réussite contre l'adversité. Il a remporté la médaille d'or du marathon aux Jeux olympiques de Rome en 1960, en courant pieds nus. Il a ensuite remporté une deuxième médaille d'or aux Jeux olympiques de Tokyo en 1964.

Wilma Rudolph, athlète américaine, est un symbole de la résilience. Elle a remporté trois médailles d'or aux Jeux olympiques de Rome en 1960, après avoir surmonté une poliomyélite infantile. Elle est devenue la première femme noire à remporter trois médailles d'or olympiques en athlétisme.

Nadia Comaneci, gymnaste roumaine, est une pionnière de la gymnastique moderne. Elle est devenue la première gymnaste à obtenir la note parfaite de 10 aux Jeux olympiques, en 1976 à Montréal. Elle a remporté trois médailles d'or et une médaille d'argent à ces Jeux.

Carl Lewis, athlète américain, est un autre symbole de la réussite contre l'adversité. Il a remporté neuf médailles d'or aux Jeux olympiques, dont quatre en 1984 à Los Angeles. Il a dû surmonter une blessure au dos en 1988 pour remporter une deuxième médaille d'or aux Jeux olympiques de Séoul.

Jackie Joyner-Kersee, athlète américaine, est une heptathlonienne et une sauteuse en longueur. Elle a remporté trois médailles d'or aux Jeux olympiques, dont deux en 1988 à Séoul. Elle est l'une des athlètes les plus polyvalentes de l'histoire olympique.

Usain Bolt, sprinter jamaïcain, est un symbole de la vitesse. Il a remporté huit médailles d'or aux Jeux olympiques, dont trois en 2008 à Pékin. Il est le détenteur du record du monde du 100 mètre et du 200 mètres.

Ces champions olympiques sont tous des exemples de courage, de détermination et de dépassement de soi. Ils ont inspiré des générations d'athlètes et de personnes du monde entier.

Les Valeurs Olympiques - Des Trésors de Sagesse pour les Jeunes Athlètes

Les Jeux Olympiques sont plus que des compétitions sportives. Ils célèbrent des valeurs spéciales qui rendent le monde meilleur. Imaginez ces valeurs comme des étoiles brillantes :

Amitié : Faire des Amis du Monde Entier

À travers les Jeux, les athlètes deviennent amis, peu importe d'où ils viennent. Les Jeux Olympiques montrent que l'amitié peut traverser les frontières.

Respect : La Gentillesse Est Magique

Le respect signifie traiter tout le monde avec gentillesse. Même en compétition, les athlètes se félicitent et s'encouragent. Le respect rend les Jeux spéciaux.

Excellence : Donner le Meilleur de Soi

Les athlètes s'entraînent dur pour être les meilleurs. Vous aussi, vous pouvez être excellent dans ce que vous faites, en donnant toujours le meilleur de vous-même.

Détermination : La Force Qui Pousse

La détermination signifie ne jamais abandonner, même face aux défis. Elle vous aidera à atteindre vos rêves.

Jeux de Mots Olympiques : Mots Cachés

Z D Y U H O M A K F I Z V D V D
U V C O M P E T I T I O N U N O
S J Y V E R O H U M C Z M O M W
V H C T D U O L Y M P I Q U E Y
S I L F A A P E Y P L V M U Q Q
O R I U I N A T A T I O N V D H
O L S C L M P I P W Q G V T R X
F M M E L A R S B W B U A M B U
X G E R E X C M Q Y X E U T Q W
I M U E M S X E Q B X P Z H P Z
A S K M W B N O D R O F R R S D
R E C O R D D B M K Q G Y A T O
S J F N C S T K K L V U L N A M
L M D I Q S Q Y Y B P S E X D T
L Q W E Q U I P E Q A L T E E P
G I E V K R L X O C K N E S W W

stade
Medaille
Olympique
Competition

equipe
Natation
Ceremonie

Record
Cyclisme
Athletisme

Jeux de Mots Olympiques : Mots Cachés

B	T	G	L	U	G	E	Z	O	I	B	F	N	X	Q
E	T	S	T	Q	E	Q	U	A	R	F	M	U	M	J
B	O	Y	A	Z	Q	U	Q	L	Q	P	G	I	E	A
R	G	Q	W	L	Z	T	K	I	O	O	G	P	E	L
E	P	W	O	N	P	W	T	B	K	D	L	T	V	H
A	Q	F	Q	V	I	G	X	S	M	I	Y	S	S	L
K	C	T	X	B	A	N	N	E	A	U	X	X	U	L
D	V	E	B	C	P	A	R	I	S	M	O	W	R	O
A	L	V	W	B	E	V	P	G	C	V	A	H	F	L
N	B	D	E	C	A	T	H	L	O	N	Q	U	L	D
C	W	I	C	Q	K	Y	W	K	T	W	Z	J	A	U
E	D	V	O	L	Q	W	P	V	T	W	O	H	M	X
H	M	Z	P	Z	D	X	Y	A	E	A	Q	G	M	C
I	T	U	H	Y	M	N	E	K	V	Y	N	E	E	O
T	A	V	N	G	A	A	Z	F	J	G	U	X	L	E

Luge
Paris
Anneaux
Breakdance

Surf
Flamme
Mascotte

Hymne
Podium
Decathlon

Jeux de Mots Olympiques : Mots Croisés

horizontal

1. Pays hôte des Jeux Olympiques d'été 2024
3. Épreuve olympique qui demande aux athlètes de nager, pédaler et courir
5. Plateforme où les athlètes montent pour recevoir leurs médailles :
6. Il est le visage des Jeux olympiques de Paris 2024,
et il est inspiré d'un symbole de liberté et d'égalité.

vertical

2. Compétition de nage
4. Ville grecque où ont eu lieu les premiers Jeux olympiques

Jeux de Mots Olympiques : Mots Croisés

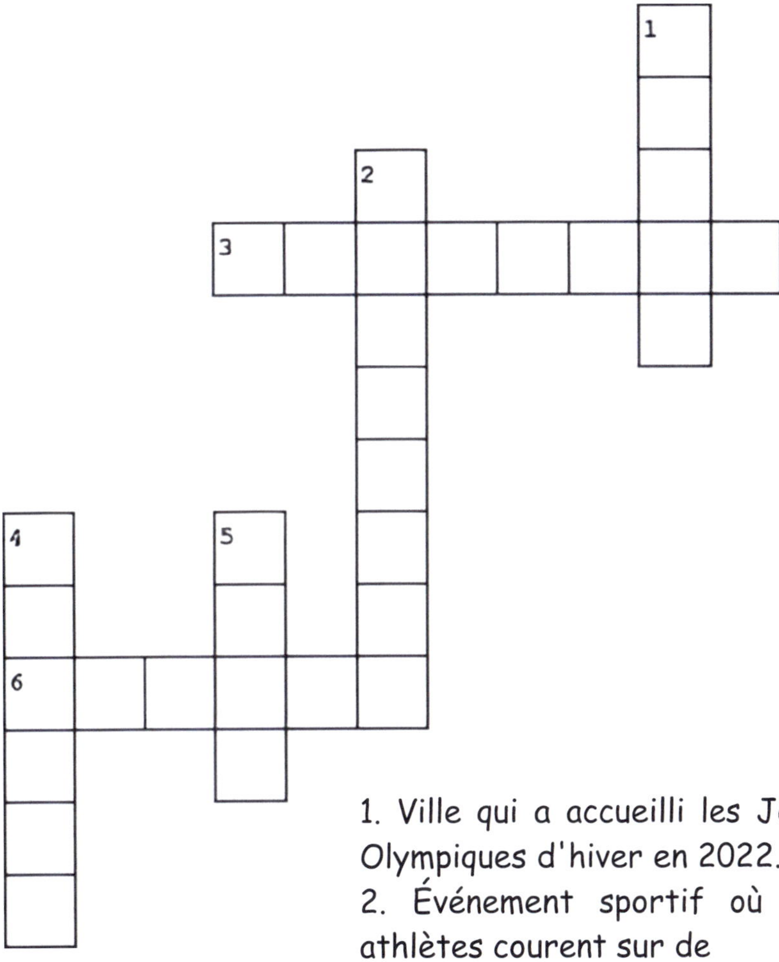

3. La première ville à accueillir les Jeux Olympiques
d'hiver en 1924
6. Sport nautique aux Jeux Olympiques où les athlètes rament dans un bateau.

1. Ville qui a accueilli les Jeux Olympiques d'hiver en 2022.
2. Événement sportif où les athlètes courent sur de
longues distances.
4. Symbole olympique qui brûle lors des Jeux pour
représenter l'esprit sporti
5. un sport qui se pratique sur des vagues, et il a été
ajouté aux Jeux olympiques pour représenter la
diversité des sports de la culture urbaine.

Jeux de Mots Olympiques : Mots Cachés (Correction)

Z D Y U H O M A K F I Z V D V D
U V C O M P E T I T I O N U N O
S J Y V E R O H U M C Z M O M W
V H C T D U O L Y M P I Q U E Y
S I L F A A P E Y P L V M U Q Q
O R I U I N A T A T I O N V D H
O L S C L M P I P W Q G V T R X
F M M E L A R S B W B U A M B U
X G E R E X C M Q Y X E U T Q W
I M U E M S X E Q B X P Z H P Z
A S K M W B N O D R O F R R S D
R E C O R D D B M K Q G Y A T O
S J F N C S T K K L V U L N A M
L M D I Q S Q Y Y B P S E X D T
L Q W E Q U I P E Q A L T E E P
G I E V K R L X O C K N E S W W

stade
Medaille
Olympique
Competition

equipe
Natation
Ceremonie

Record
Cyclisme
Athletisme

Jeux de Mots Olympiques : Mots Cachés (Correction)

B T G **L U G E** Z O I B F N X Q
E T S T Q E Q U A R F M U M J
B O Y A Z Q U Q L Q **P** G I E A
R G Q W L Z T K I O **O** G P E L
E P W O N P W T B K **D** L T V H
A Q F Q V I G X S **M** **I** Y S **S** L
K C T X B **A N N E A U X** X **U** L
D V E B C **P A R I S** **M** O W **R** O
A L V W B E V P G **C** V A H **F** L
N B **D E C A T H L O N** Q U **L** D
C W I C Q K Y W K **T** W Z J **A** U
E D V O L Q W P V **T** W O H **M** X
H M Z P Z D X Y A **E** A Q G **M** C
I T U **H Y M N E** K V Y N E **E** O
T A V N G A A Z F J G U X L E

Luge	Surf	Hymne
Paris	Flamme	Podium
Anneaux	Mascotte	Decathlon
Breakdance		

Jeux de Mots Olympiques : Mots Croisés (Correction)

1 f	r	a	2 n	c	e			
			a					
			t					
3 t	r	i	a	t	h	l	4 o	n
			t				l	
			i				y	
		5 p	o	d	i	u	m	
			n				p	
							i	
	6 p	h	r	y	g	i	e	

Jeux de Mots Olympiques : Mots Croisés (Correction)

									1 p	
									é	
					2 m				k	
			3 c	h	a	m	o	n	i	x
					r				n	
					a					
					t					
4 f			5 s		h					
l			u		o					
6 a	v	i	r	o	n					
m			f							
m										
e										

Message de léo

Cher Ami .

Notre incroyable voyage à travers l'histoire des Jeux Olympiques touche à sa fin À travers ces pages, nous avons découvert les valeurs fondamentales des Jeux Olympiques : l'amitié, le respect, l'excellence, la détermination. Ces valeurs ne sont pas seulement importantes dans le monde du sport, mais aussi dans la vie de tous les jours. Elles nous rappellent que nous pouvons tous devenir des champions, peu importe notre âge, notre origine ou nos rêves.

Chacun d'entre vous a un potentiel extraordinaire, des rêves à poursuivre et des défis à relever. Les athlètes olympiques nous montrent que rien n'est impossible lorsque l'on croit en soi-même, que l'on travaille dur et que l'on persévère.

Peu importe où vous êtes, souvenez-vous que vous avez le pouvoir de changer le monde, de créer un avenir meilleur pour vous-même et pour les autres. Les Jeux Olympiques nous enseignent que l'unité, la paix et la compréhension entre les nations sont possibles.

Continuez à croire en vos rêves, à aimer, à respecter et à inspirer les autres. Comme les athlètes olympiques, vous êtes les héros de demain.

À bientôt, mes amis, et n'oubliez jamais que le ciel est la limite !

LE TABLEAU DES MEDAILLES

Pays				Total

Tableau de suivi des Médailles Francaises

Champion	Champion	Champion
Total:	Total:	Total:

Votre avis compte énormément. Merci d'être une partie géniale de cette aventure !

Hé les futurs champions olympiques ! Demandez à vos parents de scanner ce code barre, laissez un commentaire, et faites briller les étoiles dans Mes yeux .

Merci pour votre soutien !

Printed in France by Amazon
Brétigny-sur-Orge, FR

18522256R00049